AF595205

DEUXIÈME ÉDITION

TIRÉ A 50,000 exemplaires

# AUX OUVRIERS.

---

# DU PAIN, DU TRAVAIL ET LA VÉRITÉ.



---

OUVRIERS, MES CHERS CAMARADES,

Fils d'ouvrier, longtemps ouvrier moi-même, auteur de plusieurs ouvrages pour l'instruction des ouvriers, permettez-moi, mes amis, de vous faire entendre une voix dans laquelle vous pouvez avoir confiance;

Car je vous parle avec connaissance de vos besoins, de vos droits;

Car vous ne sauriez me supposer aucun intérêt à vous tromper puisque je ne suis ni commerçant, ni fabricant, ni entrepreneur, ni chef d'atelier.

Je viens donc vous dire la vérité vraie sur vos intérêts à vous, qui ont été les miens;

Sur ce qui peut les compromettre ou les favoriser;

Vous prémunir contre les entraînements irréfléchis, les déceptions auxquelles ils pourraient vous exposer, les fausses mesures dans lesquelles des gens sans expérience essayeraient de vous engager, les préjudices et les vains regrets que vous éprouveriez trop tard.

Le peuple de Paris n'a besoin que d'entrevoir un faible rayon de lumière pour que le jour se fasse aussitôt dans son esprit; mais quelquefois, dans sa promptitude, il prend un ver luisant pour une étoile, un feu follet pour une lanterne, et bien des gens ne se font point scrupule de le jeter par de tels moyens hors de sa voie pour le faire entrer par surprise dans la leur.

La voie de l'ouvrier est le travail, le but est la subsistance à laquelle il a droit, et celle de toute sa famille.

Tout ce qui tend à fausser cette voie ou à l'en faire sortir, tend à le détourner du but, c'est-à-dire à opérer sa ruine et celle de sa famille.

C'est un crime commis envers lui et envers la société dont il est membre aussi bien qu'un ancien duc et pair, ou qu'un millionnaire, et au même titre : celui d'homme.

Examinons donc ensemble, mes bons amis, la situation dans laquelle vous vous trouvez, en quoi elle peut être favorable ou nuisible à vos intérêts, et ce qu'elle peut vous donner lieu de craindre ou droit d'espérer.

---

Vous restez sur la place publique parce qu'il n'y a point d'ouvrage dans la plupart des ateliers,

Et il n'y aura point d'ouvrage dans la plupart des ateliers tant que vous resterez sur la place publique,

Dans les ateliers surtout où l'on s'occupe d'objets qui ne sont pas de première nécessité :

Comme les beaux meubles,

Les bronzes artistiques et autres,

La bijouterie et l'orfévrerie,

La carrosserie et la sellerie de luxe,

La tapisserie et la miroiterie,

Le décor des appartements et des magasins,

L'impression des ouvrages d'art, ou de bibliothèque,

La reliure,

La passementerie,

et cent autres choses que je n'ai pas besoin de vous citer, parce que vous en savez en votre particulier autant que moi.

Les fabricants ne peuvent faire établir qu'en raison des commandes; mais tant que la rue offrira quelque trace d'agitation, les commandes ne viendront pas, parce que l'inquiétude qu'elle répand ne permet de songer ni à renouveler ou compléter son ameublement, ni à acheter des bijoux, des livres ou des frivolités; les bourgeois, les commerçants ne songent pas davantage à faire restaurer ou renouveler la décoration, ceux-ci de leurs appartements, ceux-là de leurs magasins.

Que chacun de vous applique les conséquences de cette stagnation à l'industrie qu'il exerce, et le bon sens qui distingue si éminemment le peuple parisien vous fera bientôt comprendre à tous, que loin de travailler pour vos intérêts, vous leur portez une funeste atteinte.

Vous leur nuisez encore de deux autres manières.

Les troubles, ou tout ce qui en a la simple apparence, éloignent les étrangers. Or, vous savez que les derniers recensements ont constaté un mouvement annuel de plus de cent mille étrangers dans la capitale de la France. Ces cent mille individus ne font pas vivre seulement les maîtres d'hôtels garnis et les restaurateurs;

Ils alimentent les théâtres et les concerts, et font vivre par conséquent les acteurs, les musiciens, les figurants, les gagistes, les décorateurs;

Ils vont en voiture, et leur argent profite non-seulement aux loueurs, mais encore aux cochers, et à tous les ouvriers de grosse carrosserie, de charonnage, etc.

Il ne faut donc pas éloigner les voyageurs qui viennent apporter l'aisance à la classe ouvrière aussi bien qu'aux maîtres;

Qui emportent avec eux et pour le répandre chez eux le goût de notre industrie, de nos arts, de nos modes.

Et savez-vous bien quel en est le résultat?

C'est que l'industrie parisienne exporte chaque année pour plus de quarante millions d'objets fabriqués. Or ces quarante millions de produits ne viennent pas au monde tout seuls; il faut bien que ce soient des ouvriers qui les établissent.

Si l'on chasse les étrangers par la crainte, ils s'accoutumeront à se diriger ailleurs, ou à demeurer chez eux, et l'ouvrier de Paris verra diminuer ses ressources de toute la part qui lui revient dans ces quarante millions, sans compter la perte de ce qu'il gagne, sans s'en apercevoir, de la présence de ces étrangers à Paris.

Direz-vous, mes chers amis, que cette agitation n'est que passagère et qu'ils reviendront dès qu'elle aura cessé?

Je l'espère comme vous; mais en attendant, tout ce qui aura été perdu demeurera perdu, et il faut pourtant que vos femmes, vos enfants mangent durant ce temps, que vous mangiez vous-mêmes comme de coutume, car l'ordinaire de l'ouvrier n'est pas assez splendide pour qu'on puisse en retrancher quelque chose; il faut que vous payiez le loyer de votre modeste demeure, que vous vous procuriez à vous et à votre famille les vêtements nécessaires, si modestes qu'ils soient.

Le gouvernement provisoire a pris, il est vrai, des mesures paternelles pour assurer en partie la subsistance des ouvriers sans ouvrage pendant les premiers instants. Mais vous concevez bien que ces mesures ne peuvent être que très-passagères; car d'une part la possibilité de vivre sans rien faire attirerait à Paris tous les ouvriers et surtout les fainéants des départements, et les revenus de l'État seraient bientôt épuisés; de l'autre, ce serait une chose monstrueuse qu'une partie de la nation qui vivrait dans l'oisiveté aux dépens de l'autre; et d'ailleurs le sang généreux des vrais ouvriers se révolterait à la seule idée de vivre de l'aumône.

---

J'ai prononcé tout à l'heure le mot d'oisiveté, et cela me conduit naturellement, mes chers amis, à vous parler de cette portion de la société que, dans un langage haineux et envieux, on a appelé les oisifs, désignant par ce mot les hommes que la fortune a dispensés du travail des mains.

On vous a dit: Ces hommes sont les ennemis du peuple; ils consomment sans produire.

Eh bien, mes bons amis, on vous a dit une sottise. Il est impossible qu'un être quelconque, doué de la vie, consomme sans produire. Il n'est pas dans la nature végétale même, un arbre, une plante, si petite, si imperceptible qu'elle soit, qui ne donne son fruit, et tout au moins son ombrage.

L'homme riche qui ne travaille pas de ses mains ne produit rien, vous dit-on. Mais s'il emploie un nombreux domestique, il produit la subsistance de tous les individus qui le composent ; s'il a des voitures et des chevaux, il produit celle des ouvriers qui ont confectionné et qui entretiennent ces voitures, de l'agriculteur qui a élevé ces chevaux, de celui qui récolte le foin ou l'avoine dont ils se nourrissent, du maréchal qui les ferre, du vétérinaire qui les soigne, du sellier qui les habille ; s'il possède un bel hôtel, il produit la subsistance des ouvriers en bâtiments qui le construisent, l'entretiennent ou le décorent, des ouvriers ébénistes ou tapissiers qui le meublent ; s'il achète des tableaux, des statues, des gravures, il fait vivre l'artiste qui, à son tour, fait vivre tous les ouvriers secondaires, depuis la pauvre femme dont le fuseau a filé le fil dont est tissue la toile du tableau, depuis le pauvre mineur qui extrait le bloc de marbre ou le minerai de cuivre des entrailles de la terre ; s'il achète des diamants, des cachemires, n'a-t-il pas concouru pour sa part à la subsistance de nos marins ou de nos commerçants qui vont au loin chercher ces objets ? s'il a de beaux habits brodés, de belles dentelles, de belles armes, le tailleur, le brodeur, le passementier, l'étireur d'or, le fabricant d'étoffes, le fabricant de dentelle, l'armurier, le damasquineur, et tous les métiers premiers qui leur fournissent ou préparent les matières, qu'à leur tour ils mettent en œuvre, n'ont-ils pas profité de sa fortune ?

L'homme riche ne donne pas un repas, une fête, que, par ricochets, des milliers d'ouvriers n'en retirent quelque chose.

Ce sont bien là des produits et non pas des produits stériles, mais des produits vraiment profitables au peuple travailleur.

L'homme qui a de l'or ne se nourrit pas de cet or, ne se vêt pas de cet or, n'habite point, ne se fait pas transporter d'un lieu à un autre dans cet or.

Cet or ne lui sert qu'à lui procurer le nécessaire et le superflu ; et telle est la condition de l'homme vivant dans la société, que ce superflu lui-même ne peut s'obtenir sans le concours d'autres hommes, sans que ces hommes y gagnent leur nécessaire.

En voulez-vous une preuve que nul ne saurait contester? Voyez quelle innombrable portion d'entre vous ne vit que de son travail consacré à produire ces sortes de superfluités !

La guerre aux riches, aux *oisifs*, serait donc la guerre aux ouvriers que les riches font vivre en si grand nombre. Car que feraient-ils si ces branches d'industrie que les gens riches peuvent seuls alimenter venaient à être coupées?

Les raisonneurs, les faiseurs de projets qui n'ont jamais connu que les ouvriers qu'ils rêvent dans leurs feuilletons ou leurs théories, qui ne connaissent point l'ouvrier réel, disent lestement : ceux qui ne feront plus cela feront autre chose.

Mais quoi ! l'ouvrier en bijoux, l'ouvrier ciseleur, le brodeur, le peintre sur porcelaine, l'horloger, le compositeur d'imprimerie, le facteur d'instruments de musique, l'ouvrier en soieries ou en schalls, sont-ils préparés à aller tailler la pierre, poser des pavés, faire des terrassements, conduire des voitures, ou porter des sacs.

Et en supposant que ces transformations soient aussi faciles qu'il plaît à ces écrivains, au moins irréfléchis, de le dire, est-ce qu'il y aurait assez de pierres à tailler, assez de pavés à remuer, assez de voitures à conduire, assez de sacs à porter pour tout ce monde?

Si les métiers tels qu'ils sont pourvus aujourd'hui, se trouvent déjà encombrés de bras dont beaucoup demeurent souvent inoccupés faute d'ouvrage, que sera-ce, bon Dieu, si l'on y fait refluer une multitude d'autres bras employés à d'autres métiers que la ruine des gens qui les soutiennent éteindrait définitivement?

Vous voyez donc bien clairement, mes amis, que les riches ne sont pas des parasites consommant sans produire. Ils ne produisent pas à la vérité, à la manière du maçon qui élève un mur que l'on palpe, du cordonnier qui fait une paire de souliers que l'on chausse, du boulanger qui pétrit et cuit un pain que l'on mange, de l'imprimeur qui imprime un livre ou un journal qu'on lit, mais par ses dépenses, par ses prodigalités même, il produit le travail, c'est-à-dire l'aisance, au moins le pain du jour pour les ouvriers que ses besoins ou ses caprices mettent à l'œuvre.

Respectons donc le trésor du riche, car c'est, en définitive, le trésor du travailleur dont le riche n'est que le dispensateur.

C'est la source d'une rivière qui féconde tous les lieux par où elle passe.

Que pensez-vous que gagneraient les habitants de ces lieux, si au lieu de la laisser couler paisiblement et de profiter de son cours, ils imaginaient de tarir la source pour emporter chacun un peu de son eau chez soi? Croit-on que les moulins en tourneraient mieux?

On parle beaucoup, depuis plusieurs années, mes chers amis, de l'*organisation du travail*. C'est une question qui vous touche de près, et dont j'ai dû par conséquent, comme tous ceux qui s'intéressent à votre bien-être, m'occuper très-sérieusement.

Je crois qu'il y a de très-bonnes choses à dire, et surtout de très-bonnes choses à faire à ce sujet; une commission est nommée pour donner une forme saisissable aux idées un peu vagues, un peu obscures même, il faut bien le dire, émises par la plupart de ceux qui ont brodé sur ce canevas. Attendons avec confiance et avec calme le résultat de cet examen d'hommes consciencieux. Cependant, je vous en supplie, ne nous endormons pas sur l'espoir que désormais nous allons, vous et moi, vivre dans un pays de cocagne, comme pourrait en rêver un travailleur (nous ne parlons pas des paresseux, ceux-là ne méritent point de nous occuper), un pays où chacun sera toujours sûr d'avoir de l'ouvrage, et des journées bien payées.

Il y a et il y aura dans tous temps, pour l'industrie comme pour l'agriculture, de mauvais jours et de mauvaises saisons. La nature est ainsi faite, et toutes les forces humaines se réuniraient vainement pour la changer.

Il y a eu et il y aura dans tous les temps, des ouvriers moins habiles et moins expéditifs que d'autres, et moins en état dès-lors que leurs camarades de profiter des bénéfices du travail lorsqu'il donne, plus près de cesser d'y participer dès qu'il se ralentit.

C'est malheureux sans doute, lorsque cette infériorité n'est pas le fruit de la mauvaise conduite; mais c'est encore une loi de la nature, qui n'a pas donné la même force et la même intelligence à tous les hommes.

Il y a enfin les sinistres qui déconcertent toutes les combinaisons des maîtres; les faillites, les naufrages, les incendies, la guerre, les disettes, qui compromettent la fortune d'un entrepreneur ou d'un fabricant, ou qui désorganisent ses établissements, ou qui, en suspendant les commandes, l'obligent à réduire ou à suspendre ses opérations ou ses travaux.

Il n'y a point d'organisation possible capable de prévoir ces calamités; soyez-en bien convaincus, pour éviter de vous laisser aller à des illusions que la vérité dissiperait plus tard.

C'est vous qui vous seriez abusés sur la foi d'un mot mal compris; mais peut-être, en reconnaissant votre erreur, prétendriez-vous alors qu'on vous a trompés, et vous laisseriez-vous aller à une colère injuste.

Je sais, mes chers amis, qu'il est entré dans l'esprit de plusieurs qu'un moyen sûr de parer aux accidents, aux mauvaises chances, c'est de forcer le prix des journées, espérant ainsi que les jours d'activité offriraient une ressource pour les jours de chômage, ou comme on dit, une poire pour la soif.

Le raisonnement est juste s'il n'est poussé à l'excès, et je crains pour vous qu'on ne vous y jette.

Il ne faut pas seulement considérer le prix de la journée: il faut s'assurer que la journée elle-même pourra se répéter.

Or, si le prix est tel qu'il tende à faire passer tout le bénéfice ordinaire du maître dans la poche de l'ouvrier, il est certain que le prix tuera la journée,

Car le maître ne peut être tenu d'avancer son argent et de s'exposer à toutes les chances du commerce, quelquefois bien critiques, uniquement pour payer des journées aux ouvriers qu'il emploie.

Lui aussi a besoin de gagner la sienne et la vie de sa famille, dans la proportion de l'intelligence qu'il met dans la direction de son industrie, des capitaux qu'il avance, et des risques qu'il court, dont ses ouvriers n'ont point à s'occuper; du gros loyer, des lourds impôts qu'il paye, (gain ou perte), et auxquels ses ouvriers ne participent point, non plus qu'aux frais de réparation, de renouvellement des métiers et de l'outillage que vous lui usez par le travail.

Tout cela est si clair, qu'il n'est pas un de vous, n'est-il pas vrai? qui ne le comprenne parfaitement.

Mais ce à quoi il est important de faire encore attention, c'est que le maître ne pouvant, comme nous venons de le reconnaître, être forcé de faire la guerre à ses dépens, il est évident, il est certain qu'il augmentera, pour retrouver son bénéfice légitime, le prix de ses produits dans la proportion du prix qu'ils lui coûteront à lui-même.

Alors, si ce dernier prix est exagéré, le prix de vente le sera aussi;

Et si le prix de vente est exagéré, les acheteurs ne se présenteront pas;

Et si le maître ne trouve pas d'acheteurs pour vendre ses produits à si haut prix, il fermera ses ateliers;

Et les ouvriers, pour avoir voulu trop gagner, ne gagneront plus rien du tout.

Une autre conséquence sur laquelle je vous invite, mes amis, à réfléchir, une autre conséquence de la hausse déraisonnable du prix des journées serait inévitablement de déplacer l'industrie, de la transporter de Paris dans les provinces où la main d'œuvre serait moins coûteuse, peut-être même de la faire sortir de la France et d'en doter l'étranger.

Cela est grave et mérite vos plus sérieuses réflexions.

Déjà plusieurs industries ont reçu un commencement d'organisation par l'établissement des prud'hommes et celui des caisses de secours mutuels.

L'institution des prud'hommes est la plus paternelle que vous puissiez désirer. Vous avez montré le reconnaître vous-mêmes, mes chers amis, puisque sur le nombre immense des affaires qui ont été portées devant eux, quelques-unes seulement n'ont pu être conciliées.

Aucune magistrature ne saurait être plus populaire, et inspirer plus de confiance à l'ouvrier, puisque élue non-seulement par le peuple, mais dans l'industrie même dont les intérêts lui sont spécialement confiés, elle est connue de ceux qui s'adressent à elle, et connaît par expérience leurs besoins, leurs habitudes, leurs règles, leurs intérêts.

Si malgré la sagesse de ses décisions, constatée ainsi que je viens de vous le rappeler, par l'assentiment presque général des parties qui se sont présentées devant sa juridiction, des améliorations peuvent être nécessaires dans sa constitution, réclamez-les, mais avec réflexion, en vous rappelant que rien ne saurait être parfait dans le monde, et que n'est pas amélioration effective tout ce qui en emprunte l'habit.

Je n'ai pas besoin de vous parler des caisses de secours mutuels, vous en connaissez les bons effets. Il ne s'agit que de bien administrer ces caisses, pour en retirer tous les avantages qu'elles sont susceptibles de produire.

Votre sauvegarde sera partout l'association,

L'association faite entre vous dans un but de communication mutuelle de lumières, de perfectionnements, de garanties, de fraternité, jamais dans un but quelconque d'oppression.

Souvenez-vous bien que l'oppression finit toujours par retomber de tout son poids sur celui qui l'exerce, et par l'écraser. Les ouvriers sont soumis à cette loi immuable aussi bien que les rois.

L'association est un moyen de vous défendre à votre tour contre l'oppression, mais elle doit en être un aussi de faire circuler la vérité parmi vous ; sans la vérité, il n'y a de garantie, de sécurité pour personne.

Mais souvenez-vous que la vérité est ce qu'elle est ; qu'elle ne flatte personne ; et que tout ce qui s'annonce sous son nom, la flatterie dans la bouche, n'est qu'un mensonge déguisé.

Il en est qui viendront vous dire: Vous seuls êtes le peuple souverain ; MENSONGE. Le peuple se compose de tous les citoyens ; des riches comme des prolétaires. *L'égalité*, qui est un des symboles de la République, n'est pas un vain mot.

D'autres vous diront : Les maîtres ont fait assez longtemps la loi aux ouvriers, le tour est venu aux ouvriers de faire la loi aux maîtres; MENSONGE. Personne, sous un gouvernement de *liberté* et d'*égalité*, n'a le droit de faire la loi à personne, pas plus l'ouvrier au maître que le maître à l'ouvrier; mais chacun a le droit de défendre ses intérêts légitimes.

D'autres vous diront : Vous avez droit au partage des bénéfices des maîtres; MENSONGE, si cela va au-delà des améliorations raisonnables que peut exiger la rétribution de votre travail, car le maître hasarde sa fortune quand vous ne hasardez rien ; il vous paye au fur et à mesure de votre travail et est obligé de faire de longs crédits ; il voit souvent ses magasins s'encombrer de produits qu'il ne vendra peut-être qu'à perte, qu'il ne vendra peut-être pas du tout; ou il élève sa maison qui demeurera peut-être longtemps sans locataires, dont il lui faudra cependant payer l'impôt; et vous, vous avez reçu chaque jour, chaque semaine, chaque quinzaine ce qui vous était dû.

D'autres vous diront : Il y a assez longtemps que l'ouvrier travaille, il est temps que le riche lui donne un peu de sa fortune afin qu'il se repose à son tour; MENSONGE, MENSONGE ! La gloire de l'ouvrier est le travail; ses titres de noblesse sont ses mains endurcies et calleuses; il le sait, il en est fier : ces titres-là, on ne les effacera pas.

Examinez, mes bons amis, quand on vous tiendra ces propos, ceux qui prêchent ces maximes :

S'ils portent l'habit noir, demandez-leur s'ils ont jamais cherché à trouver, dans un travail honorable et utile, cette aisance qu'ils voudraient obtenir par la spoliation.

S'ils portent la blouse ou le bourgeron, demandez à voir leurs mains et regardez si elles portent les stygmates qui caractérisent le travailleur ardent et courageux.

Il y a de mauvais riches, c'est vrai; mais ces mauvais riches font encore quelque bien à leur insu, ainsi que nous l'avons vu plus haut. S'ils ne secourent pas les malheureux par l'impulsion de leur cœur, ils viennent encore à son aide par leurs dépenses.

Est-ce à dire qu'il n'y a pas aussi de mauvais ouvriers? Je n'entends pas parler de ceux à qui manquent la force physique, ou l'adresse, ou l'intelligence; ceux-là, nous les plaignons tous, et nous devons nous efforcer de venir en aide à leur faiblesse, à leur incapacité.

Je veux parler de ces prétendus ouvriers que la paresse et les mauvais penchants éloignent du travail; ceux-là ne sauraient produire aucun bien, mais toujours mécontents et toujours exigeants, parce qu'il faudrait qu'un jour de travail les défrayât pour le reste de la semaine, ce sont eux qui poussent aux exagérations leurs camarades, dont ils deviennent les tyrans ; qui épuisent les caisses de secours.

Un des premiers bienfaits de l'organisation du travail, par l'association forte et régulière, doit être de protéger la masse immense des bons ouvriers contre le despotisme des mauvais ouvriers.

Un des premiers effets du bon esprit et de l'intelligence dont la classe ouvrière vient de donner de si admirables preuves, doit être de fermer son oreille aux suggestions que la raison ne saurait avouer.

---

Ces suggestions perfides ont voulu exciter votre colère contre les mécaniques.

Elles ont agi malheureusement sur quelques ouvriers estimables à qui la réflexion a manqué, et qui, parce qu'ils souffraient de la stagnation des affaires, s'en sont pris aussi à la concurrence que les machines font au travail manuel.

Peut-être cette opinion a-t-elle germé dans l'esprit du grand nombre d'entre vous.

S'il en est ainsi, vous n'en méritez que plus d'honneur et de louanges, pour avoir su empêcher partout où vous avez été prévenus à temps, les atteintes tentées contre une industrie que vous considérez comme funeste à la vôtre.

Votre conduite, en cette circonstance surtout, a été admirable, je vous le dis sans flatterie, comme je le pense, comme tout le monde le pense; vous avez montré que vous êtes dignes de la liberté, et que la liberté n'a rien à craindre entre vos mains.

Maintenant que nous pouvons raisonner avec un peu plus de calme sur un si grand sujet, est-il bien certain que les machines occasionnent tout le préjudice qu'on est tenté de leur attribuer ?

Peut-être oui : peut-être non. Examinons, car si le fait était démontré, il y aurait certainement quelque chose à faire au moins pour compenser le tort autant que possible.

Rappelons-nous d'abord, mes chers amis, que l'application des machines à l'industrie est aussi vieille que les sociétés.

Les moulins à vent, les moulins à eau, qui broient le blé, qui scient les planches, qui forent les canons : le cabestan qui, par le moyen du levier, déplace avec peu d'efforts et quelques bras, des masses qu'un nombre bien plus considérable de bras ne remuerait qu'à peine ; les voitures même qui transportent, par le moyen de leurs roues, autre application du levier, des fardeaux dont le transport, sans ce véhicule, exigerait aussi le concours d'un grand nombre d'hommes, sont des machines aussi bien que celles qu'on a imaginé de nos jours de faire mouvoir par la vapeur, ou par de simples manivelles.

Que dis-je, le cheval lui-même est-il autre chose qu'une machine animée, substituée au travail de l'homme pour la traction ou le transport ?

A la vérité, l'habitude que vous avez de voir fonctionner ces machines dès votre enfance, fait que vous n'en apercevez que les avantages dont vous profitez ainsi que tout le monde, et certainement si l'on venait vous proposer aujourd'hui d'en revenir aux procédés primitifs, de faire moudre par chacun son blé entre deux pierres, de faire porter à dos d'hommes, ou de faire traîner à force de bras les fardeaux, en d'autres termes, de mettre une semaine, un mois, pour obtenir ce qui peut être obtenu et beaucoup plus sûrement en une heure, en un jour, vous ririez d'un fou rire au nez de celui qui viendrait vous faire cette bizarre proposition,

Et vous auriez raison.

Les machines donc ne sont pas en elles-mêmes tout à fait si mauvaises et si préjudiciables qu'on voudrait vous le faire accroire, car ce que vous vous diriez en faveur des anciennes pourrait bien peut-être se dire à quelques égards des nouvelles.

Je comprends cependant que si elles font en définitive plus de tort que de bien, leur cause est mauvaise.

Voyons donc avec impartialité, en consultant des faits, ce qui empêche de se perdre dans les nues d'où l'on ne retombe pas sans danger.

Les mécaniques produisent bien plus rapidement et en plus grande quantité que le travail des bras, d'où résultent ces deux faits :

L'inoccupation des bras qui eussent été chargés de ces produits ;

Une concurrence de bon marché que ces bras ne peuvent soutenir.

Voilà bien le calcul tel qu'on le pose, mais il manque d'exactitude sous certains rapports.

Il est d'abord des faits dont il faut tenir compte sous peine de ne commettre que des erreurs :

Le premier est que jamais la consommation ne s'est élevée à un point si prodigieux.

Au commencement de ce siècle un journal grand comme un carré de papier, qui avait deux mille lecteurs, avait un succès rare; il en était de même d'un roman tiré à mille exemplaires. L'éditeur d'un ouvrage sérieux ne se hasardait guère au-delà de cinq cents.

Aujourd'hui on a des journaux grands comme des voiles de navire tirés à 40,000; des romans vont presque aussi loin; un recueil populaire a été publié à plus de 80,000.

Quelle presse à bras pourrait suffire à de tels besoins ?

On en monterait plusieurs, objectera-t-on, et alors autant d'ouvriers de plus d'employés.

Oui, mais alors aussi plusieurs compositions ; multiplication de dépense de tous côtés; et par suite hausse de prix, en sorte que l'ouvrage, le journal coûterait le double ou le triple, et au lieu de se débiter à 40,000 ne se débiterait plus qu'à 10,000, peut-être qu'à 2,000, comme jadis; et partant suppression des presses de supplément ou plutôt suppression de toutes, car le journal ou l'ouvrage ne faisant plus ses frais à un si petit nombre, cesserait forcément de paraître.

Tout l'avantage, dira-t-on, est donc pour les presses mécaniques?

Non, car le goût, le besoin de lire, favorisé, excité surtout par les journaux, s'étend à toutes les branches de la presse. Jamais on n'a publié autant de livres, d'écrits de toutes sortes, autant multiplié les éditions, imprimées par tous les moyens. Ainsi l'équilibre que la presse mécanique semblait vouloir détruire se rétablissait aussitôt.

Néanmoins il y a un certain nombre de typographes sans ouvrage.

Hélas, mes bons amis, c'est que l'industrie du typographe est encombrée comme toutes les autres industries, comme les carrières des lettres, des arts, des sciences, du barreau, de la médecine, de l'administration où il y a une foule de gens qui végètent, d'autres qui n'ont pas même le nécessaire, et pourtant il n'y a point là de mécaniques qui leur fassent concurrence.

Vous voyez bien que c'est un mal général produit par l'imprudence des parents qui poussent sans cesse et sans prévoyance leurs enfants de la campagne où l'agriculture manque de bras, dans les villes où il y en a trop, et dans des carrières déjà obstruées, et qui le deviennent de plus en plus par les nouveaux arrivants.

C'est encore un des points importants à examiner quand on s'occupera sérieusement de poser des bases à l'*organisation du travail;* songez-y.

Un dernier mot sur ce sujet :

Les typographes inoccupés se plaignent des presses mécaniques qu'ils supposent leur enlever leur travail.

Longtemps avant eux les copistes se sont plaints de l'invention de l'imprimerie qui détruisait leur industrie.

30,000 volumes produits en quelque jours par une dixaine de presses à bras, feraient vivre pendant une année 30,000 copistes.

Faut-il supprimer l'imprimerie ?

Ce que je vous ai dit, mes chers amis, des mécaniques à propos de la presse, je vous le dirais volontiers à propos d'une foule d'autres industries qui les emploient; mais votre bon sens en fera l'application.

Observez toutefois que ce n'est pas en France seulement qu'on fait usage des mécaniques : que, si elles ont pour résultat d'abaisser le prix de la fabrication, ce résultat est obtenu par l'étranger aussi bien que par la France, et que si la destruction des machines opérait, ainsi qu'il est certain, la hausse de ce prix chez nous, les produits de notre industrie, plus chers que ceux de l'étranger, ne dépasseraient plus nos frontières, ce qui limiterait la consommation à la France seule.

C'est alors que le nombre des ouvriers sans ouvrage s'accroîtrait d'une manière bien cruelle.

Enfin, remarquez d'autre part que ces mécaniques ne poussent pas spontanément dans un atelier comme un champignon au pied d'un hêtre; que de nombreux ouvriers sont employés à leur construction, et que ceux-là n'ont pas moins de droits que tous autres ouvriers à vivre de leurs bras. Les voudriez-vous exclure de l'honorable et sainte fraternité du travail?

Cette mauvaise pensée n'est point dans vos cœurs.

LA LIBERTÉ doit être pour tous.

L'ÉGALITÉ veut qu'on respecte les droits de tous.

LA FRATERNITÉ est l'union et l'amour de tous.

J. P. SCHMIT.

---

Se trouve chez l'AUTEUR, rue de Vaugirard, 35;

*Principaux dépôts :*

MASGANA, galerie de l'Odéon, 13;
SAGNIER ET BRAY, rue des Saints-Pères, 64;
Cercle de Valois, Palais national, galerie du Lycée;
TRUCHY, boulevard des Italiens, 18;
SAINT-JORRE, boulevard des Italiens, 7, et boulevard des Capucines, 25;
ÉLITASSE, place Maubert, cabinet de lecture;
GABRIEL, passage du Saumon, 2.

DE L'IMPRIMERIE DE CRAPELET, RUE DE VAUGIRARD, N° 9.

www.ingramcontent.com/pod-product-compliance
Lightning Source LLC
LaVergne TN
LVHW050232180726
843501LV00013BB/3779

* 9 7 8 2 3 2 9 6 2 7 7 7 9 *